Dr. Oetker

Tassen*Kuchen*

Dr. Oetker

Tassen*Kuchen*

Dr. Oetker Verlag

Vorwort

Haben Sie schon alle Tassen aus dem Schrank genommen? Denn hier können Sie Waage und Messbecher im Schrank lassen und statt dessen die Tasse zum Maß aller Dinge machen. So werden einfache Zubereitung und phantasievolle Back-kreationen zum gut zu vereinbarenden Gegensatz.

Mit diesen Ideen bringen Sie frischen Wind in Ihre Backstube.

Quark-Kirsch-Kuchen

1 Tasse (150 ml),
1 Backblech (30 x 40 cm),
1 Backrahmen

Zutaten:

weiche Butter oder Margarine
zum Einfetten

Für den All-in-Teig:

½ Pck. (125 g)	Butter oder Margarine
2 ½ Tassen (250 g)	Weizenmehl
2 gestr. TL	Dr. Oetker Backin
1 Tasse (150 g)	Zucker
1 Prise	Salz
1 Pck.	Dr. Oetker Vanillin-Zucker
3	Eier (Größe M)
4 EL	Milch

Für den Belag:

2 Gläser	Sauerkirschen (je 350 g Abtropfgewicht)
2 Pck. (1 kg)	Speisequark (Magerstufe)
1 ½ Tassen (225 g)	Zucker
1 Pck.	Dr. Oetker Finesse Geriebene Zitronenschale
1 Pck.	Dr. Oetker Pudding-Pulver Vanille-Geschmack
1 Becher (250 g)	Crème fraîche
4	Eier (Größe M)

Für den Guss:

150 ml	Saft von den Kirschen (vom Belag)
2 gestr. EL	Zucker
1 Pck.	Dr. Oetker Tortenguss, klar, ungezuckert
⅔ Tasse (100 ml)	Wasser

Zubereitungszeit: etwa 40 Minuten, ohne Abkühlzeit
Insgesamt: E: 220 g, F: 237 g, Kh: 817 g, kJ: 26903, kcal: 6437, BE: 68,0

1. Für den Teig die Butter oder Margarine schmelzen und abkühlen lassen. Das Backblech einfetten. Den Backofen vorheizen.

2. Mehl und Backpulver in eine Rührschüssel geben und mit einem Schneebesen verrühren. Zucker, Salz, Vanillin-Zucker, Eier, Milch und Butter oder Margarine dazugeben. Die Zutaten mit Handrührgerät mit Rührbesen zunächst kurz auf niedrigster, dann auf höchster Stufe in etwa 2 Minuten zu einem glatten Teig verarbeiten.

3. Den Teig auf das Backblech geben und glattstreichen. Das Backblech in den vorgeheizten Backofen schieben und den Teig vorbacken.

Ober-/Unterhitze: etwa 180 °C
Heißluft: etwa 160 °C
Backzeit: etwa 15 Minuten.

4. Für den Belag die Kirschen in einem Sieb abtropfen lassen, dabei den Saft auffangen und für den Guss beiseitestellen. Quark, Zucker, Zitronenschale, Pudding-Pulver, Crème fraîche und Eier zu einer glatten Masse verrühren.

5. Den Backrahmen um den vorgebackenen Teig stellen. Die Kirschen auf dem vorgebackenen Teig verteilen. Quarkmasse esslöffelweise daraufgeben und glattstreichen. Das Backblech wieder in den heißen Backofen schieben und den Kuchen **bei gleicher Backofeneinstellung in etwa 40 Minuten fertig backen**.

6. Das Backblech auf ein Kuchengitter stellen, den Kuchen erkalten lassen.

7. Für den Guss 1 Tasse (150 ml) Kirschsaft abmessen. Aus Zucker, Torten-guss, abgemessenem Kirschsaft und Wasser nach Packungsanleitung einen Guss zubereiten. Den Guss leicht abkühlen lassen, dann mit einem Löffel streifenartig auf den Kuchen träufeln. Den Guss fest werden lassen.

8. Den Backrahmen mit einem Messer lösen und entfernen. Den Kuchen in Stücke schneiden.

Apfelkuchen mit Krokant

Zubereitungszeit: etwa 90 Minuten, ohne Abkühl- und Ruhezeit
Insgesamt: E: 81 g, F: 245 g, Kh: 627 g, kJ: 21648, kcal: 5171, BE: 52,5

1 Tasse (150 ml), Backpapier
1 Backblech (30 x 40 cm),
evtl. 1 Backrahmen

Zutaten:
weiche Butter oder Margarine
zum Einfetten

Für den Krokant:
$^2/_3$ Tasse (100 g) Zucker
1 Pck. (100 g)　　abgezogene,
　　　　　　　　　gestiftelte Mandeln

Für den Hefeteig:
3 $^3/_4$ Tassen
(375 g)　　　　　Weizenmehl, Type 550
1 Pck.　　　　　　Hefeteig Garant
$^1/_2$ Tasse (75 g)　Zucker
1 Prise　　　　　　Salz
1　　　　　　　　　Ei (Größe M)
knapp $^1/_2$ Pck.
(100 g)　　　　　weiche Butter
　　　　　　　　　oder Margarine
1 $^2/_3$ Tassen
(250 ml)　　　　　Milch

Für den Belag:
1 Pck.　　　　　　Mandella
　　　　　　　　　Pudding-Pulver
　　　　　　　　　Vanille-Mandel
3–4 EL　　　　　　Zucker
1 $^2/_3$ Tassen
(250 ml)　　　　　Milch
1 Becher
(250 g)　　　　　Schlagsahne
6–7
(750 g)　　　　　Äpfel

1. Für den Krokant Zucker in einem kleinen Topf bei schwacher Hitze unter Rühren karamellisieren lassen. Gestiftelte Mandeln unterrühren. Den Mandelkrokant auf ein Stück Backpapier geben und erkalten lassen. Das Backblech einfetten.

2. Für den Teig Mehl und Hefeteig Garant in eine Rührschüssel geben und mit einem Schneebesen verrühren. Zucker, Salz, Ei, Butter oder Margarine und Milch hinzufügen. Zutaten mit Handrührgerät mit Knethaken in etwa 1 Minute zu einem glatten Teig verarbeiten.

3. Den Teig aus der Schüssel nehmen, leicht mit Mehl bestäuben und auf dem Backblech ausrollen. Evtl. einen Backrahmen um den Teig stellen.

4. Für den Belag aus Pudding-Pulver, Zucker, Milch und Sahne nach Packungsanleitung einen Pudding zubereiten, etwas abkühlen lassen. Die Puddingmasse auf dem Teig verteilen und glattstreichen.

5. Äpfel abspülen, schälen, vierteln und die Kerngehäuse entfernen. Apfelviertel längs in Spalten schneiden. Apfelspalten dachziegelartig auf der Puddingmasse verteilen. Den Teig etwa 15 Minuten ruhen lassen.

6. Den Backofen vorheizen. Krokant in Stücke brechen oder hacken und auf die Apfelspalten streuen. Das Backblech in den vorgeheizten Backofen schieben.

Ober-/Unterhitze: etwa 180 °C
Heißluft: etwa 160 °C
Backzeit: etwa 30 Minuten.

7. Das Backblech auf einen Kuchenrost stellen. Den Kuchen erkalten lassen.

Florentiner Tassenkuchen

1 Tasse (150 ml),
1 Backblech (30 x 40 cm)

Zutaten:

weiche Butter oder Margarine
zum Einfetten

Für den All-in-Teig:

2 1/2 Tassen (250 g)	Weizenmehl
3 gestr. TL	Dr. Oetker Backin
1 Tasse (150 g)	Zucker
1 Prise	Salz
3	Eier (Größe M)
1 Tasse (150 ml)	Speiseöl
2 EL	Rum

Für den Belag:

1 Tasse (150 g)	Schlagsahne
2/3 Tasse (100 g)	Zucker
1 Pck. (100 g)	Früchte-Mix
1 Pck. (100 g)	abgezogene, gehobelte Mandeln

Zubereitungszeit: etwa 35 Minuten, ohne Abkühlzeit
Insgesamt: E: 68 g, F: 279 g, Kh: 508 g, kJ: 20373, kcal: 4868, BE: 42,0

1. Das Backblech einfetten. Den Backofen vorheizen.

2. Für den Teig Mehl und Backpulver in eine Rührschüssel geben und mit einem Schneebesen verrühren. Zucker, Salz, Eier, Öl und Rum hinzufügen. Die Zutaten mit Handrührgerät mit Rührbesen zunächst kurz auf niedrigster, dann auf höchster Stufe in etwa 2 Minuten zu einem glatten Teig verarbeiten.

3. Den Teig auf das Backblech geben und glattstreichen. Das Backblech in den vorgeheizten Backofen schieben und den Teig vorbacken.

Ober-/Unterhitze: etwa 180 °C
Heißluft: etwa 160 °C
Backzeit: etwa 10 Minuten.

4. Für den Belag Sahne und Zucker in einem kleinen Topf kurz aufkochen lassen. Früchte-Mix und Mandeln unterrühren.

5. Das Backblech auf einen Kuchenrost stellen. Die Masse auf dem vorgebackenen Teig verteilen. Das Backblech wieder in den heißen Backofen schieben und den Kuchen **bei gleicher Backofeneinstellung in etwa 15 Minuten fertig backen**.

6. Das Backblech auf einen Kuchenrost stellen. Den Kuchen erkalten lassen und in Stücke schneiden.

Tipp: Früchte-Mix ist eine Mischung aus Sukkade, Orangeat und kandierten Melonen, die vielen Gebäcken eine herzhaft-fruchtige Note gibt. Sie finden es im Supermarkt bei den Backartikeln.

Granatapfel-Schnitten

Zubereitungszeit: etwa 65 Minuten, ohne Kühlzeit
Insgesamt: E: 156 g, F: 348 g, Kh: 524 g, kJ: 25222, kcal: 6022, BE: 43,5

1 Tasse (150 ml),
1 Backblech (30 x 40 cm),
Backpapier

Zutaten:
weiche Butter oder Margarine
zum Einfetten

Für den Rührteig:

2 1/2 Tassen (250 g)	Weizenmehl
2 gestr. TL	Dr. Oetker Backin
1 Pck. (250 g)	Butter oder Margarine
1 Tasse (150 g)	Zucker
1 Prise	Salz
1 Pck. (0,1 g)	gemahlener Safran
4	Eier (Größe M)
2 EL	Milch

Für den Belag:

4 Becher (1 kg)	Speisequark (40 % Fett)
4 EL	Milch
2 Pck.	Quarkfein, Vanille-Geschmack (Dessertpulver)
1	Granatapfel
1 EL	Grenadinesirup (Granatapfelsirup)
2 EL	gesiebter Puderzucker

1. Das Backblech in der Mitte und in den Ecken einfetten und mit Backpapier belegen. Den Backofen vorheizen.

2. Für den Teig Mehl und Backpulver in eine Schüssel geben und mit einem Schneebesen verrühren. Butter oder Margarine mit Handrührgerät mit Rührbesen auf höchster Stufe geschmeidig rühren. Nach und nach Zucker, Salz und Safran unterrühren. So lange rühren, bis eine gebundene Masse entstanden ist.

3. Eier nach und nach unterrühren (jedes Ei etwa 1/2 Minute). Mehlgemisch und Milch in 2 Portionen auf mittlerer Stufe unterrühren.

4. Den Teig auf das Backblech streichen. An der offenen Seite des Backblechs das Backpapier unmittelbar vor dem Teig zur Falte knicken, so dass ein Rand entsteht. Das Backblech in den vorgeheizten Backofen schieben.

Ober-/Unterhitze: etwa 180 °C
Heißluft: etwa 160 °C
Backzeit: etwa 25 Minuten.

5. Die Gebäckplatte vom Rand lösen und auf einen mit Backpapier belegten Kuchenrost stürzen. Mitgebackenes Backpapier abziehen. Gebäckplatte erkalten lassen.

6. Aus der Gebäckplatte mit einem Ausstecher runde Platten (Ø etwa 9 cm) ausstechen und auf ein Backblech legen. Gebäckreste mit den Händen fein zerbröseln.

7. Für den Belag Quark, Milch und Quarkfein mit Handrührgerät mit Rührbesen auf höchster Stufe zu einer geschmeidigen Masse verrühren. Die Quarkcreme auf die Platten verteilen und mit einem Teelöffel wellenartig verstreichen.

8. Gebäckbrösel auf einen Teller geben. Gebäckschnitten nacheinander in die Brösel setzen. Die Brösel an die Quarkränder drücken. Gebäckschnitten etwa 1 Stunde kalt stellen.

9. Um die Blüte des Granatapfels herum keilförmig ein kleines Quadrat ausschneiden. Den Apfel von den Ecken aus 4-mal einritzen. Den Apfel öffnen und die Kerne herauslösen. Für den Guss Grenadinesirup und Puderzucker gut verrühren. Die Gebäckschnitten kurz vor dem Servieren mit Granatapfelkernen garnieren und mit dem Guss beträufeln.

Tipp: Den Safran durch gemahlenen Zimt oder Ingwer ersetzen.

Mandarinen-Mandel-Kuchen

1 Tasse (150 ml),
1 Backblech (30 x 40 cm)

Zutaten:
weiche Butter oder Margarine
zum Einfetten

Für den Belag:

2 Dosen	Mandarin-Orangen (je 175 g Abtropfgewicht)
½ Pck. (125 g)	Butter
½ Tasse (75 g)	Zucker
4 EL	Saft von den Mandarin-Orangen
1 ½ Pck. (150 g)	abgezogene, gehobelte Mandeln

Für den Rührteig:

2 ½ Tassen (250 g)	Weizenmehl
2 gestr. TL	Dr. Oetker Backin
1 Pck. (250 g)	Butter oder Margarine
1 Tasse (150 g)	Zucker
1 Prise	Salz
1 Pck.	Dr. Oetker Vanillin-Zucker
½ Pck.	Dr. Oetker Finesse Geriebene Orangenschale
3	Eier (Größe M)
½ Tasse (75 ml)	Milch

Zubereitungszeit: etwa 25 Minuten, ohne Abkühlzeit
Insgesamt: E: 78 g, F: 425 g, Kh: 490 g, kJ: 25725, kcal: 6147, BE: 41,0

1. Für den Belag Mandarin-Orangen in einem Sieb abtropfen lassen, den Saft dabei auffangen und 4 Esslöffel davon abmessen. Butter mit Zucker und abgemessenem Saft unter Rühren erhitzen. Mandeln unterrühren. Die Masse aufkochen, von der Kochstelle nehmen und etwas abkühlen lassen.

2. Das Backblech einfetten. Den Backofen vorheizen.

3. Für den Teig Mehl und Backpulver in eine Schüssel geben und mit einem Schneebesen verrühren. Butter oder Margarine mit Handrührgerät mit Rührbesen auf höchster Stufe geschmeidig rühren. Nach und nach Zucker, Salz, Vanillin-Zucker und Orangenschale unterrühren. So lange rühren, bis eine gebundene Masse entstanden ist.

4. Eier nach und nach unterrühren (jedes Ei etwa ½ Minute). Mehlgemisch und Milch abwechselnd in jeweils 2 Portionen auf mittlerer Stufe unterrühren.

5. Den Teig auf das Backblech geben und glattstreichen. Die Mandarin-Orangen gleichmäßig auf dem Teig verteilen. Mandelmasse mit einem Esslöffel darauf verteilen. Das Backblech in den vorgeheizten Backofen schieben.

Ober-/Unterhitze: etwa 180 °C
Heißluft: etwa 160 °C
Backzeit: etwa 25 Minuten.

6. Das Backblech auf einen Kuchenrost stellen. Den Kuchen erkalten lassen und in Stücke schneiden.

Tipp: Verändern Sie das Rezept und backen Sie einen Stachelbeerkuchen. Dann für den Belag Stachelbeeren (1 Glas, 390 g Abtropfgewicht) abtropfen lassen und anstelle der Mandeln gehobelte Haselnusskerne verwenden. Die Orangenschale für den Teig durch Zitronenschale ersetzen und zusätzlich 50 g gemahlene Haselnusskerne in den Teig geben.

Schokoladen-Himbeer-Kuchen

Zubereitungszeit: etwa 40 Minuten, ohne Kühlzeit
Insgesamt: E: 93 g, F: 386 g, Kh: 576 g, kJ: 23367, kcal: 6306, BE: 48,0

1 Tasse (150 ml),
1 Backblech (30 x 40 cm)

Zutaten:
weiche Butter oder Margarine
zum Einfetten

Für den All-in-Teig:

½ Pck. (125 g)	Butter oder Margarine
1½ Pck. (150 g)	Halbbitter-Kuvertüre
2 ½ Tassen (250 g)	Weizenmehl
3 gestr. TL	Dr. Oetker Backin
1 Tasse (150 g)	Zucker
1 Prise	Salz
4	Eier (Größe M)
⅔ Tasse (100 ml)	Milch

Zum Tränken:

1 Tasse (150 ml)	Espresso-Kaffee
2 TL	Zucker
2 EL	Amaretto (Mandellikör)

Für die Creme:

200 g	Himbeeren
4 Blatt	weiße Gelatine
3 EL	Zitronensaft
1 Pck. (250 g)	Mascarpone (italienischer Frischkäse)
1½ Tassen (100 g)	gesiebter Puderzucker
1 Becher (250 g)	Schlagsahne

Zum Garnieren:

100 g	verlesene Himbeeren
30 g	geschabte Vollmilch-Schokolade

1. Das Backblech einfetten. Den Backofen vorheizen.

2. Für den Teig Butter oder Margarine schmelzen und etwas abkühlen lassen. Kuvertüre in kleine Stücke hacken und in eine Metallschüssel geben. Einen kleinen Topf ⅓ hoch mit Wasser füllen, die Schüssel in das Wasserbad setzen. Das Ganze bei schwacher Hitze erwärmen, bis die Schokolade unter gelegentlichem Rühren geschmolzen ist. Nicht kochen lassen! Kuvertüre etwas abkühlen lassen.

3. Mehl und Backpulver in eine Rührschüssel geben und mit einem Schneebesen verrühren. Zucker, Salz, Eier, Butter oder Margarine und Milch hinzufügen. Die Zutaten mit Handrührgerät mit Rührbesen zunächst kurz auf niedrigster, dann auf höchster Stufe in etwa 2 Minuten zu einem glatten Teig verarbeiten.

4. Den Teig auf das Backblech geben und glattstreichen. Die geschmolzene Kuvertüre darüberträufeln. Das Backblech in den vorgeheizten Backofen schieben.

Ober-/Unterhitze: etwa 200 °C
Heißluft: etwa 180 °C
Backzeit: etwa 20 Minuten.

5. Das Backblech auf einen Kuchenrost stellen. Kuchen abkühlen lassen. Die Kuchenoberfläche mit einer Gabel mehrmals einstechen.

6. Espresso-Kaffee mit Zucker und Amaretto verrühren. Den Kuchen mit der Kaffeemischung tränken.

7. Für die Creme Himbeeren verlesen und durch ein Sieb streichen. Gelatine in kaltem Wasser nach Packungsanleitung einweichen. Zitronensaft in einem kleinen Topf erwärmen (nicht kochen). Die leicht ausgedrückte Gelatine unter Rühren vollständig darin auflösen.

8. Mascarpone in eine Rührschüssel geben und mit Handrührgerät mit Rührbesen zu einer geschmeidigen Masse verrühren. Himbeerpüree und Puderzucker unterrühren. 3 Esslöffel davon unter die Zitronen-Gelatine rühren, anschließend mit der restlichen Himbeer-Mascarpone-Masse verrühren. Die Sahne steifschlagen und unterheben.

9. Die Creme auf dem Kuchen verteilen. Kuchen etwa 2 Stunden kalt stellen.

10. Den Kuchen in Stücke schneiden und mit Himbeeren und geschabter Schokolade garnieren.

Kokoskuchen

Zubereitungszeit: etwa 20 Minuten, ohne Abkühlzeit
Insgesamt: E: 67 g, F: 243 g, Kh: 561 g, kJ: 19855, kcal: 4745, BE: 47,0

1 Tasse (150 ml),
1 Backblech (30 x 40 cm)

Zutaten:
weiche Butter oder Margarine
zum Einfetten

Für den All-in-Teig:

3 Tassen (300 g)	Weizenmehl
3 gestr. TL	Dr. Oetker Backin
1½ Tassen (225 g)	Zucker
2	Eier (Größe M)
1½ Tassen (225 ml)	Buttermilch Zitronengeschmack

Für den Belag:

3 Tassen (150 g)	Kokosraspel
½ Tasse (75 g)	Zucker
2 Becher (400 g)	Schlagsahne

1. Das Backblech einfetten. Den Backofen vorheizen.

2. Für den Teig Mehl und Backpulver in eine Rührschüssel geben und mit einem Schneebesen verrühren. Zucker, Eier und Buttermilch hinzufügen. Die Zutaten mit Handrührgerät mit Rührbesen zunächst kurz auf niedrigster, dann auf höchster Stufe in etwa 2 Minuten zu einem glatten Teig verarbeiten.

3. Den Teig auf das Backblech geben und glattstreichen.

4. Für den Belag Kokosraspel und Zucker vermischen und gleichmäßig auf den Teig streuen. Das Backblech in den vorgeheizten Backofen schieben.

Ober-/Unterhitze: etwa 200 °C
Heißluft: etwa 180 °C
Backzeit: etwa 20 Minuten.

5. Das Backblech auf einen Kuchenrost stellen.

6. Die Sahne esslöffelweise auf den heißen Kuchen träufeln. Kuchen erkalten lassen und in Stücke schneiden.

Tipp: Buttermilch (Zitronengeschmack) kann auch durch Reine Buttermilch und 1 Päckchen Dr. Oetker Finesse Geriebene Zitronenschale ersetzt werden.

Wer noch mehr Kokosgeschmack möchte, ersetzt die Buttermilch durch 1 Packung (140 ml) Kokosmilch. Die fehlende Flüssigkeit (85 ml) kann durch Wasser ersetzt werden. Für diesen Teig benötigt man 4 gestrichene Teelöffel Backpulver.

Orangen-Selters-Kuchen
mit Schokoguss

1 Tasse (150 ml),
1 Backblech (30 x 40 cm)

Zutaten:
weiche Butter oder Margarine
zum Einfetten

Für den All-in-Teig:

3 Tassen (300 g)	Weizenmehl
3 gestr. TL	Dr. Oetker Backin
1 ½ Tassen (225 g)	Zucker
1 Prise	Salz
½ Pck.	Dr. Oetker Finesse Geriebene Orangenschale
4	Eier (Größe M)
1 Tasse (150 ml)	Speiseöl
1 Tasse (150 ml)	Selters, Fanta, Apfel- oder Orangensaft

Für den Guss:

2 Pck. (200 g)	Zartbitter-Schokolade
½ Tasse (75 g)	Schlagsahne
1 EL	Butter
1	Bio-Orange (unbehandelt, ungewachst)

Zubereitungszeit: etwa 20 Minuten, ohne Abkühlzeit
Insgesamt: E: 74 g, F: 290 g, Kh: 543 g, kJ: 21264, kcal: 5081, BE: 45,0

1. Das Backblech einfetten. Den Backofen vorheizen.

2. Für den Teig Mehl und Backpulver in eine Rührschüssel geben und mit einem Schneebesen verrühren. Zucker, Salz, Orangenschale, Eier, Öl und Selters hinzufügen. Die Zutaten mil Handrührgerät mit Rührbesen zunächst kurz auf niedrigster, dann auf höchster Stufe in etwa 2 Minuten zu einem glatten Teig verarbeiten.

3. Den Teig auf das Backblech geben und glattstreichen. Das Backblech in den vorgeheizten Backofen schieben.

Ober-/Unterhitze: etwa 180 °C
Heißluft: etwa 160 °C
Backzeit: etwa 20 Minuten.

4. Das Backblech auf einen Kuchenrost stellen. Kuchen erkalten lassen.

5. Für den Guss die Schokolade in kleine Stücke brechen. Die Sahne kurz aufkochen lassen. Den Topf von der Kochstelle nehmen. Schokolade und Butter in den Topf geben und etwa 5 Minuten stehen lassen. Die Schokoladensahne glattrühren und wellenartig auf den Kuchen streichen. Die Orange heiß abspülen und trocken tupfen. Die Orangenschale mit einem Zestenreißer in feinen Streifen abziehen und auf den Kuchen streuen. Den Guss fest werden lassen.

Tipp: Anstelle der geriebenen Orangenschale können Sie auch klein geschnittenes Orangeat oder in Stücke geschnittene kandierte Orangenscheiben verwenden.

Schoko-Mirabellen-Kuchen

Zubereitungszeit: etwa 55 Minuten, ohne Kühlzeit
Insgesamt: E: 84 g, F: 412 g, Kh: 709 g, kJ: 29301, kcal: 7000, BE: 59,0

1 Tasse (150 ml),
1 Backblech (30 x 40 cm),
1 Backrahmen

Zutaten:
weiche Butter oder Margarine
zum Einfetten

Für den Belag:

2 Gläser	Mirabellen mit Stein (je 385 g Abtropfgewicht)
1 Pck.	Dr. Oetker Pudding-Pulver Sahne-Geschmack
3–4 EL	Zucker
3¹/₃ Tassen (½ l)	Saft von den Mirabellen
2 Becher (500 g)	Schlagsahne
2 Pck.	Dr. Oetker Sahnesteif
1–2 EL	gesiebter Puderzucker

Für den Rührteig:

3 Tassen (300 g)	Weizenmehl
2 gestr. TL	Dr. Oetker Backin
¹/₃ Tasse (30 g)	Kakaopulver
1 Pck. (250 g)	Butter oder Margarine
1 Tasse (150 g)	Zucker
1 Prise	Salz
1 Pck.	Dr. Oetker Vanillin-Zucker
4	Eier (Größe M)

Zum Bestäuben:

2 EL	Kakaopulver

1. Für den Belag Mirabellen in einem Sieb abtropfen lassen, den Saft dabei auffangen. 3 Tassen und 4 Esslöffel (½ l) davon abmessen. Mirabellen je nach Größe halbieren oder vierteln und entsteinen.

2. Das Backblech einfetten. Einen Backrahmen auf das Backblech stellen. Den Backofen vorheizen.

3. Für den Teig Mehl und Backpulver in eine Schüssel geben, Kakao darübersieben und mit einem Schneebesen verrühren. Butter oder Margarine mit Handrührgerät mit Rührbesen auf höchster Stufe geschmeidig rühren. Nach und nach Zucker, Salz und Vanillin-Zucker unterrühren. So lange rühren, bis eine gebundene Masse entstanden ist.

4. Eier nach und nach unterrühren (jedes Ei etwa ½ Minute). Mehl-Kakao-Gemisch in 3 Portionen auf mittlerer Stufe unterrühren. Ein Drittel der Mirabellenstücke kurz unterrühren.

5. Den Teig auf das Backblech geben und glattstreichen. Die restlichen Mirabellenstücke darauf verteilen. Das Backblech in den vorgeheizten Backofen schieben.

Ober-/Unterhitze: etwa 180 °C
Heißluft: etwa 160 °C
Backzeit: etwa 25 Minuten.

6. Das Backblech auf einen Kuchenrost stellen. Den Kuchen erkalten lassen.

7. Für den Belag aus Pudding-Pulver, Zucker und Mirabellensaft nach Packungsanleitung – aber mit den hier angegebenen Zutaten – einen Pudding zubereiten. Den Pudding in eine Rührschüssel geben, mit Klarsichtfolie zudecken und erkalten lassen.

8. Die Sahne mit Sahnesteif und Puderzucker steifschlagen. Den Pudding mit Handrührgerät mit Rührbesen geschmeidig rühren, Sahne unterheben. Die Pudding-Sahne-Masse wellenartig auf den Kuchen streichen. Den Kuchen etwa 1 Stunde kalt stellen.

9. Zum Bestäuben einen Kuchenrost auf den Backrahmen legen und den Kuchen mit Kakao bestäuben. Den Rost vorsichtig abnehmen. Den Backrahmen mit einem Messer lösen und entfernen.

Rhabarber-Himbeer-Torte

1 Tasse (150 ml),
1 Springform (Ø 26 cm),
evtl. 1 Tortenring

Zutaten:
weiche Butter oder Margarine
zum Einfetten

Für den All-in-Teig:

2 Tassen (200 g)	Weizenmehl
1 gestr. TL	Dr. Oetker Backin
1 Tasse (150 g)	Zucker
1 Pck.	Dr. Oetker Bourbon-Vanille-Zucker
3	Eier (Größe M)
½ Tasse (75 g)	Schlagsahne
½ Tasse (75 ml)	Speiseöl

Für den Belag:

500 g	Rhabarber
½ Pck. (150 g)	TK-Himbeeren

Für den Guss und zum Bestreuen:

3 Blatt	weiße Gelatine
125 g	Himbeeren
1½ Tassen (225 ml) + 2 EL	roter Johannisbeernektar

Zubereitungszeit: etwa 40 Minuten, ohne Kühlzeit
Insgesamt: E: 47 g, F: 123 g, Kh: 380 g, kJ: 11996, kcal: 2863, BE: 31,0

1. Den Boden der Springform einfetten. Den Backofen vorheizen.

2. Für den Teig Mehl und Backpulver in eine Rührschüssel geben und mit einem Schneebesen verrühren. Zucker, Bourbon-Vanille-Zucker, Eier, Sahne und Speiseöl hinzufügen. Die Zutaten mit Handrührgerät mit Rührbesen zunächst kurz auf niedrigster, dann auf höchster Stufe in etwa 2 Minuten zu einem glatten Teig verarbeiten. Den Teig in die Springform füllen und glattstreichen.

3. Rhabarber abspülen und abtropfen lassen. Stielenden und Blattansätze entfernen, Stangen in etwa 3 cm lange Stücke schneiden. Rhabarberstücke und tiefgekühlte Himbeeren auf dem Teig verteilen. Die Form auf dem Rost in den vorgeheizten Backofen schieben.

Ober-/Unterhitze: etwa 180 °C
Heißluft: etwa 160 °C
Backzeit: etwa 40 Minuten.

4. Die Form auf einen Kuchenrost stellen. Den Springformrand nach etwa 10 Minuten mit einem Messer entfernen. Den Kuchen erkalten lassen.

5. Für den Guss die Gelatine nach Packungsanleitung in kaltem Wasser einweichen. Gelatine leicht ausdrücken, in einem kleinen Topf bei schwacher Hitze auflösen (nicht kochen). Topf von der Kochstelle nehmen. Nach und nach den Johannisbeernektar unterrühren. Den Guss kalt stellen.

6. Einen Tortenring oder den gesäuberten Springformrand um den Kuchen stellen. Die Himbeeren verlesen und auf dem Kuchen verteilen. Wenn der Guss zu gelieren beginnt, den Guss auf dem Kuchen verteilen. Den Kuchen kalt stellen, den Guss fest werden lassen. Die Torte mit einem Messer aus der Form lösen.

Tipp: Anstelle von Gelatine können Sie auch einen Guss mit Tortenguss zubereiten. Dafür 1½ Tassen (225 ml) roten Johannisbeernektar und 2 Esslöffel Wasser mischen. Den Guss mit 1 Päckchen klarem Tortenguss, 2 Esslöffeln Zucker und der abgemessenen Flüssigkeit nach Packungsanleitung zubereiten und auf dem Kuchen verteilen.

Himbeer-Aprikosen-Kuchen

Zubereitungszeit: etwa 50 Minuten, ohne Kühlzeit
Insgesamt: E: 129 g, F: 217 g, Kh: 557 g, kJ: 20238, kcal: 4835, BE: 46,5

1 Tasse (150 ml),
1 Springform (Ø 26 cm)

Zutaten:
weiche Butter oder Margarine
zum Einfetten

Für den Knetteig:

2 Tassen (200 g)	Weizenmehl
½ Tasse (75 g)	Zucker
1 Prise	Salz
1 Pck.	Dr. Oetker Vanillin-Zucker
½ Pck. (125 g)	Butter oder Margarine
1 EL	kalte Milch

Für den Belag:

3 Pck. (750 g)	Speisequark (40 % Fett)
4	Eier (Größe M)
1 Tasse (150 g)	Zucker
1 Prise	Salz
1 Pck.	Dr. Oetker Vanillin-Zucker
1 Pck.	Dr. Oetker Finesse Geriebene Zitronen-schale
1 Pck.	Dr. Oetker Pudding-Pulver Sahne-Geschmack
1 Dose	Aprikosenhälften (250 g Abtropfgewicht)
125 g	Himbeeren

Zum Bestreichen:

3 EL	Aprikosenkonfitüre
1 EL	Wasser

1. Den Boden der Springform einfetten. Den Backofen vorheizen.

2. Für den Teig Mehl, Zucker, Salz und Vanillin-Zucker in eine Rührschüssel geben und mit einem Schneebesen verrühren. Butter oder Margarine und Milch hinzufügen. Die Zutaten mit Handrührgerät mit Rührbesen zunächst auf niedrigster, dann auf höchster Stufe gut durcharbeiten.

3. Anschließend auf einer bemehlten Arbeitsfläche zu einem glatten Teig verkneten. Den Teig in Frischhaltefolie wickeln und etwa 1 Stunde kalt stellen.

4. Die Hälfte des Teiges auf dem Boden der Springform ausrollen und mit einer Gabel mehrfach einstechen. Die Springform schließen und auf dem Rost in den vorgeheizten Backofen schieben.

Ober-/Unterhitze: etwa 180 °C
Heißluft: etwa 160 °C
Backzeit: etwa 10 Minuten.

5. Für den Belag Quark, Eier, Zucker, Salz, Vanillin-Zucker, Zitronenschale und Pudding-Pulver zu einer glatten Masse verrühren. Aprikosen in einem Sieb abtropfen lassen. Himbeeren verlesen.

6. Die Springform auf einen Kuchenrost stellen. Etwas abkühlen lassen. Aus dem restlichen Teig auf der bemehlten Arbeitsfläche zwei Rollen (jeweils etwa 37 cm Länge) formen. Die Rollen 3–4 cm hoch an den Springformrand drücken.

7. Die Quarkmasse auf den Teigboden geben und glattstreichen. Himbeeren und Aprikosenhälften darauf verteilen. Die Form auf dem Rost in den heißen Backofen schieben und den Kuchen **bei gleicher Backofeneinstellung in 60–70 Minuten fertig backen**.

8. Die Form auf einen Kuchenrost stellen. Den Kuchen in der Form erkalten lassen.

9. Aprikosenkonfitüre und Wasser in einen kleinen Topf geben, unter Rühren aufkochen lassen und sofort auf den Kuchen streichen (stückige Konfitüre nach dem Aufkochen durch ein Sieb streichen). Den Kuchen mit einem Messer aus der Form lösen.

Macadamianuss-Kuchen

Zubereitungszeit: etwa 45 Minuten, ohne Abkühlzeit
Insgesamt: E: 56 g, F: 266 g, Kh: 341 g, kJ: 16803, kcal: 4012, BE: 28,5

1 Tasse (150 ml),
1 Springform (Ø 26 cm),
Backpapier

Zutaten:

Für den Biskuitteig:

1 Tafel (100 g)	Trauben-Nuss-Schokolade
1 Pck. (80 g)	geröstete, gesalzene Macadamianusskerne
1½ Tassen (150 g)	Weizenmehl
1 gestr. EL	Speisestärke
2 gestr. TL	Dr. Oetker Backin
3	Eier (Größe M)
2 EL	heißes Wasser
²/₃ Tasse (100 g)	Zucker
1 Pck.	Dr. Oetker Vanillin-Zucker
5 EL	Speiseöl

Für den Belag:

1½ Becher (300 g)	Schlagsahne
1 EL	gesiebter Puderzucker
1 Pck.	Dr. Oetker Sahnesteif

Zum Garnieren:

40 g	dunkle Kuchenglasur
100 g	grüne, kernlose Weintrauben

1. Einen Bogen Backpapier auf den Boden der Springform legen und mit dem Springformrand straff einspannen. Den Backofen vorheizen.

2. Für den Teig Schokolade und Macadamianüsse fein hacken. Mehl, Speisestärke und Backpulver in einer Schüssel mit einem Schneebesen verrühren.

3. Eier und Wasser in eine Rührschüssel geben und mit Handrührgerät mit Rührbesen auf höchster Stufe in 1 Minute schaumig schlagen. Zucker und Vanillin-Zucker mischen, in 1 Minute einstreuen, dann noch etwa 2 Minuten weiterschlagen.

4. Mehlgemisch in 2 Portionen auf niedrigster Stufe unterrühren. Speiseöl, fein gehackte Nusskerne und Schokolade vorsichtig unterheben.

5. Den Teig in die Form füllen. Die Form auf dem Rost in den vorgeheizten Backofen schieben.

Ober-/Unterhitze: etwa 180 °C
Heißluft: etwa 160 °C
Backzeit: etwa 30 Minuten.

6. Die Form auf einen Kuchenrost stellen. Nach etwa 10 Minuten den Biskuitboden aus der Form lösen und auf einen mit Backpapier belegten Kuchenrost stürzen. Mitgebackenes Backpapier entfernen. Biskuitboden erkalten lassen.

7. Für den Belag die Sahne mit Puderzucker und Sahnesteif steifschlagen. Die Sahne auf den Gebäckboden geben und mit einem Esslöffel wellenartig verstreichen.

8. Zum Garnieren Kuchenglasur in einem kleinen Topf nach Packungsanleitung schmelzen, etwas abkühlen lassen.

9. Weintrauben heiß abspülen, trocken tupfen und halbieren. Weintrauben auf die Sahne legen. Kuchen mit Kuchenglasur besprenkeln. Die Glasur fest werden lassen.

Bellini-Torte

Zubereitungszeit: etwa 60 Minuten, ohne Kühlzeit
Insgesamt: E: 113 g, F: 182 g, Kh: 423 g, kJ: 16929, kcal: 4043, BE: 35,0

1 Tasse (150 ml),
1 Springform (Ø 26 cm),
evtl. 1 Tortenring

Zutaten:
weiche Butter oder Margarine
zum Einfetten

Für den Rührteig:

1 ½ Tassen (150 g)	Weizenmehl
1 gestr. TL	Dr. Oetker Backin
½ Pck. (125 g)	Butter oder Margarine
⅔ Tasse (100 g)	Zucker
1 Prise	Salz
1 Pck.	Dr. Oetker Vanillin-Zucker
2	Eier (Größe M)

Für den Belag:

8 Blatt	weiße Gelatine
1 Dose	Pfirsichhälften (500 g Abtropfgewicht)
4 EL	Saft von den Pfirsichhälften
1 Pck. (500 g)	Speisequark (Magerstufe)
½ Tasse (75 g)	Zucker
3–4 EL	Pfirsichlikör
2–3 EL	Zitronensaft
1 Tasse (150 ml)	Prosecco
1 Becher (200 g)	Schlagsahne

1. Den Boden der Springform einfetten. Den Backofen vorheizen.

2. Für den Teig Mehl und Backpulver in einer Schüssel mit einem Schneebesen verrühren. Butter oder Margarine mit Handrührgerät mit Rührbesen auf höchster Stufe geschmeidig rühren. Nach und nach Zucker, Salz und Vanillin-Zucker unterrühren. So lange rühren, bis eine gebundene Masse entstanden ist. Eier nach und nach unterrühren (jedes Ei etwa ½ Minute). Mehlgemisch in 2 Portionen auf mittlerer Stufe unterrühren.

3. Den Teig in die Springform füllen und glattstreichen. Die Form auf dem Rost in den vorgeheizten Backofen schieben.

Ober-/Unterhitze: etwa 180 °C
Heißluft: etwa 160 °C
Backzeit: etwa 25 Minuten.

4. Die Form auf einen Kuchenrost stellen. Das Gebäck nach etwa 10 Minuten aus der Form lösen und auf einem Kuchenrost erkalten lassen.

5. Für den Belag 6 Blatt Gelatine in kaltem Wasser nach Packungsanleitung einweichen. Pfirsichhälften in einem Sieb abtropfen lassen, den Saft dabei auffangen. 2 Pfirsichhälften mit 4 Esslöffeln von dem Saft pürieren. Die restlichen Pfirsichhälften in Spalten schneiden und beiseitelegen.

6. Quark, Zucker, Likör und Zitronensaft gut verrühren. Prosecco unterrühren. Eingeweichte Gelatine leicht ausdrücken und in einem kleinen Topf unter Rühren erwärmen (nicht kochen), bis sie völlig gelöst ist. 3 Esslöffel der Quarkmasse unterrühren. Dann alles zur restlichen Quarkmasse geben, gut verrühren und kalt stellen.

7. Den Tortenboden auf eine Tortenplatte legen. Einen Tortenring oder den gesäuberten Springformrand darumstellen. Die beiseitegestellten Pfirsichspalten auf dem Tortenboden verteilen.

8. Restliche Gelatine (2 Blatt) in kaltem Wasser einweichen. Gelatine leicht ausdrücken, wie unter Punkt 6 beschrieben auflösen und mit dem Pfirsichpüree gut verrühren.

9. Wenn die Quarkmasse anfängt dicklich zu werden, Sahne steifschlagen und unterheben. Die Quarkmasse auf die Pfirsichspalten geben und glattstreichen. Pfirsichpüree nach und nach mit einem Löffel als „Schlieren" unter die Quark-Sahne-Masse ziehen. Die Torte etwa 3 Stunden kalt stellen.

10. Den Tortenring oder Springformrand mit einem Messer vorsichtig lösen. Die Torte auf eine Tortenplatte geben.

Apfel-Preiselbeer-Kuchen
mit Cornflakes

Zubereitungszeit: etwa 40 Minuten, ohne Abkühlzeit
Insgesamt: E: 47 g, F: 225 g, Kh: 457 g, kJ: 17074, kcal: 4081, BE: 38,0

1 Tasse (150 ml),
1 Springform (Ø 26 cm)

Zutaten:
weiche Butter oder Margarine
zum Einfetten

Für den Belag:

4 (etwa 500 g)	kleine Äpfel
2 EL	Zitronensaft
¼ Pck. (60 g)	Butter
⅔ Tasse (100 g)	Zucker
1 Msp.	gemahlener Zimt
4 EL	Schlagsahne
2 Tassen (50 g)	Cornflakes
½ kleines Glas (100 g)	Wild-Preiselbeeren

Für den Rührteig:

1½ Tassen (150 g)	Weizenmehl
2 gestr. TL	Dr. Oetker Backin
½ Pck. (100 g)	Marzipan-Rohmasse
½ Pck. (125 g)	Butter oder Margarine
⅔ Tasse (100 g)	Zucker
1 Prise	Salz
1 Pck.	Dr. Oetker Vanillin-Zucker
2	Eier (Größe M)

1. Für den Belag Äpfel abspülen, schälen, vierteln und die Kerngehäuse entfernen. Apfelviertel in dickere Spalten schneiden und mit Zitronensaft beträufeln. Den Boden der Springform einfetten. Den Backofen vorheizen.

2. Für den Teig Mehl und Backpulver in eine Schüssel geben, mit einem Schneebesen verrühren. Marzipan-Rohmasse in kleine Stücke schneiden. Butter oder Margarine und Marzipan-Rohmasse in eine Rührschüssel geben und mit Handrührgerät mit Rührbesen auf höchster Stufe geschmeidig rühren. Nach und nach Zucker, Salz und Vanillin-Zucker unterrühren. So lange rühren, bis eine gebundene Masse entstanden ist. Eier nach und nach unterrühren (jedes Ei etwa ½ Minute). Mehlgemisch in 2 Portionen unterrühren.

3. Den Teig in die Form geben und glattstreichen. Apfelspalten darauf verteilen. Die Form auf dem Rost in den vorgeheizten Backofen schieben.

Ober-/Unterhitze: etwa 180 °C
Heißluft: etwa 160 °C
Backzeit: etwa 40 Minuten.

4. Für den Belag Butter, Zucker, Zimt und Sahne in einem kleinen Topf zum Kochen bringen. Den Topf von der Kochstelle nehmen und Cornflakes unterheben.

5. Die Form auf einen Kuchenrost stellen. Die Preiselbeeren in die Zwischenräume der Apfelspalten geben.

6. Die Cornflakes-Masse gleichmäßig auf dem Kuchen verteilen. Die Form wieder auf dem Rost in den heißen Backofen schieben und den Kuchen **bei gleicher Backofeneinstellung in etwa 15 Minuten fertig backen.**

7. Den Kuchen auf einen Kuchenrost stellen. Nach etwa 10 Minuten den Springformrand mit einem Messer lösen und entfernen. Den Kuchen erkalten lassen und vom Springformboden auf eine Tortenplatte geben.

Pfirsichkuchen

Zubereitungszeit: etwa 35 Minuten, ohne Abkühlzeit
Insgesamt: E: 37 g, F: 133 g, KH: 320 g, kJ: 11150, kcal: 2662, BE: 26,5

1 Tasse (150 ml),
1 Springform (Ø 26 cm)

Zutaten:
weiche Butter oder Margarine
zum Einfetten

Für den Belag:

1 Dose	Pfirsichhälften (480 g Abtropfgewicht)
1 Pck. (25 g)	gehackte Pistazienkerne

Für den Rührteig:

1½ Tassen (150 g)	Weizenmehl
2 gestr. TL	Dr. Oetker Backin
½ Pck. (125 g)	weiche Butter oder Margarine
½ Tasse (75 g)	Zucker
1 Prise	Salz
1 Pck.	Dr. Oetker Vanillin-Zucker
1 gestr. TL	Dr. Oetker Finesse Geriebene Orangen-schale
2	Eier (Größe M)

Zum Bestreichen und Bestreuen:

2 geh. EL	Aprikosenkonfitüre
1 EL	gehackte Pistazienkerne

1. Die Pfirsichhälften in einem Sieb gut abtropfen lassen. Den Boden der Springform einfetten, den Backofen vorheizen.

2. Für den Teig Mehl und Backpulver in eine Schüssel geben und mit einem Schneebesen verrühren. Butter oder Margarine in eine Rührschüssel geben, mit Handrührgerät mit Rührbesen auf höchster Stufe geschmeidig rühren. Nach und nach Zucker, Salz, Vanillin-Zucker und Orangenschale unterrühren. So lange rühren, bis eine gebundene Masse entstanden ist.

3. Eier nach und nach unterrühren (jedes Ei etwa ½ Minute). Mehlgemisch in 2 Portionen unter die Eiermasse rühren. Den Teig in die Form geben und glattstreichen. Pistazienkerne auf den Teig streuen. Die Pfirsichhälften mit der runden Seite nach oben auf dem Teig verteilen.

4. Die Form auf dem Rost in den vorgeheizten Backofen schieben.

Ober-/Unterhitze: etwa 200 °C
Heißluft: etwa 180 °C
Backzeit: etwa 35 Minuten.

5. Die Form auf einen Kuchenrost stellen. Den Springformrand nach etwa 10 Minuten entfernen. Den Kuchen erkalten lassen.

6. Konfitüre in einem kleinen Topf unter Rühren aufkochen lassen und auf den Kuchen streichen (stückige Konfitüre nach dem Aufkochen durch ein Sieb streichen). Den Kuchen mit Pistazienkernen bestreuen. Die Konfitüre fest werden lassen.

Tipp: Wenn der Belag etwas säuerlicher schmecken soll, verwenden Sie Aprikosen. Die abgetropften Aprikosenhälften (1 Dose, 480 g Abtropfgewicht) mit der gewölbten Seite nach unten auf den Teig legen und jeweils mit etwas geriebener Zitronenschale und einer geschälten Mandel füllen. Dann Pistazien weglassen.

Limetten-Kokos-Käsekuchen

Zubereitungszeit: etwa 50 Minuten
Insgesamt: E: 196 g, F: 237 g, Kh: 510 g, kJ: 21213, kcal: 5070, BE: 42,5

1 Tasse (150 ml),
1 Springform (Ø 26 cm)

Zutaten:
weiche Butter oder Margarine
zum Einfetten

Für den Streuselteig:

3 Tassen (250 g)		Weizenmehl
²/₃ Tassen (100 g)		Zucker
1 Prise		Salz
1 Pck.		Dr. Oetker Vanillin-Zucker
½ Pck. (125 g)		Butter oder Margarine
1 EL		kalte Milch

Zum Bestreuen:

4 EL (etwa 30 g)	Kokosraspel

Für die Quarkcreme:

3	Bio-Limetten (unbehandelt, ungewachst)
¹/₅ Pck. (50 g)	weiche Butter
4 EL	Schlagsahne
1 Tasse (150 g)	Zucker
1 Prise	Salz
1 Pck.	Dr. Oetker Pudding-Pulver Vanille-Geschmack
5	Eigelb (Größe M)
2 Pck. (1 kg)	Speisequark (Magerstufe)
5	Eiweiß (Größe M)

Für die Streusel:

4 EL (etwa 30 g)	Kokosraspel

1. Den Boden der Springform einfetten. Den Backofen vorheizen.

2. Für den Teig Mehl, Zucker, Salz und Vanillin-Zucker in eine Rührschüssel geben und mit einem Schneebesen verrühren. Butter oder Margarine und Milch hinzufügen. Die Zutaten mit Handrührgerät mit Rührbesen zu Streuseln von gewünschter Größe verarbeiten. (Je länger man rührt, desto größer die Streusel.)

3. Zwei Drittel der Teigstreusel auf den Boden der Springform geben und mit einem Esslöffel andrücken. Kokosraspel auf den Teigboden streuen.

4. Für die Quarkcreme die Limetten heiß waschen, trocken tupfen und die Schale abreiben. Die Limetten auspressen.

5. Limettenschale und 4–5 Esslöffel von dem Limettensaft, Butter, Sahne, Zucker und Salz in eine Rührschüssel geben und glattrühren. Pudding-Pulver, Eigelb und Quark dazugeben. Zutaten zu einer glatten Masse verrühren.

6. Eiweiß steifschlagen und unterheben. Die Quarkmasse auf den Teigboden geben und glattstreichen. Die restlichen Teigstreusel mit Kokosraspeln mischen und auf die Quarkcreme streuen. Die Form auf dem Rost in den vorgeheizten Backofen schieben.

Ober-/Unterhitze: etwa 180 °C
Heißluft: etwa 160 °C
Backzeit: 60–70 Minuten.

7. Den Kuchen etwa 10 Minuten im ausgeschalteten Backofen stehen lassen.

8. Die Form auf einen Kuchenrost stellen. Den Kuchen in der Form erkalten lassen.

Tipp: Dieser Kuchen kann auch mit Orangenschale und -saft zubereitet werden. Verwenden Sie dafür 2 ungewachste und unbehandelte Bio-Orangen. Reiben Sie die Schale von 1½ Orangen ab und pressen Sie die Früchte aus. Die geriebene Fruchtschale und 4–5 Esslöffel Saft wie im Rezept beschrieben in die Quarkmasse geben.

Mascarpone-Mango-Torte

Zubereitungszeit: etwa 80 Minuten, ohne Kühlzeit
Insgesamt: E: 64 g, F: 266 g, Kh: 425 g, kJ: 18463, kcal: 4405, BE: 35,5

1 Tasse (150 ml),
1 Springform (Ø 26 cm), Backpapier,
evtl. 1 Tortenring

Zutaten:
Für den Biskuitteig:

1 Tasse (100 g)	Weizenmehl
1 gestr. TL	Dr. Oetker Backin
3	Eier (Größe M)
1 EL	heißes Wasser
2/3 Tasse (100 g)	Zucker
1 Pck.	Dr. Oetker Finesse Geriebene Zitronen-schale
1/3 Tasse (50 ml)	Speiseöl
1/2 Pck. (50 g)	abgezogene, gemahlene Mandeln

Für den Belag:

2 Dosen	Mangos in Scheiben (je 225 g Abtropfgewicht)
1 Pck.	Dr. Oetker Tortenguss, klar, ungezuckert
2 gestr. EL	Zucker
1 1/2 Tassen (225 ml)	Saft von den Mangoscheiben
1 EL	Zitronensaft
1/2 Tasse (75 ml)	Wasser
4 Blatt	weiße Gelatine
1 Pck. (250 g)	Mascarpone (italienischer Frischkäse)
5 EL	Karamellsirup (Sirop de Caramel von Monin)
1 Becher (200 g)	Schlagsahne

Zum Garnieren:

einige	Melisseblättchen

1. Einen Bogen Backpapier auf den Boden der Springform legen und mit dem Springformrand straff einspannen. Den Backofen vorheizen.

2. Für den Teig Mehl und Backpulver in eine Schüssel geben und mit einem Schneebesen verrühren. Eier und Wasser in eine Rührschüssel geben und mit Handrührgerät mit Rührbesen auf höchster Stufe in 1 Minute schaumig schlagen. Zucker in 1 Minute einstreuen, dann noch etwa 2 Minuten weiter-schlagen.

3. Zitronenschale und Speiseöl vorsichtig unterrühren. Die Hälfte des Mehlgemischs auf die Eiercreme streuen, kurz auf niedrigster Stufe unter-rühren. Restliches Mehlgemisch und Mandeln auf die gleiche Weise unter-arbeiten.

4. Den Teig in die Form geben und glattstreichen. Die Form auf dem Rost in den vorgeheizten Backofen schieben.

Ober-/Unterhitze: etwa 200 °C
Heißluft: etwa 180 °C
Backzeit: etwa 25 Minuten.

5. Die Form auf einen Kuchenrost stellen. Den Biskuitboden nach etwa 10 Minuten mit einem Messer aus der Form lösen und auf einen mit Back-papier belegten Kuchenrost stürzen. Mitgebackenes Backpapier abziehen. Biskuitboden mindestens 2 Stunden erkalten lassen.

6. Für den Belag Mangoscheiben in einem Sieb gut abtropfen lassen, den Saft dabei auffangen und für Tortenguss und Creme beiseitestellen. 3 Mango-scheiben zum Garnieren beiseitestellen. Restliche Mangoscheiben fein würfeln.

7. Für den Tortenguss vom Mangosaft 1 Tasse (150 ml) abmessen. Aus Tortenguss, Zucker, abgemessenem Mangosaft, Zitronensaft und Wasser nach Packungsanleitung einen Guss zubereiten. Die Mangowürfel unter-heben. Die Mangomasse etwas abkühlen lassen.

8. Den Tortenboden auf eine Platte legen. Einen Tortenring oder den gesäuberten Springformrand darumstellen. Die Mangomasse auf dem Tortenboden verteilen und kalt stellen.

9. Gelatine in kaltem Wasser nach Packungsanleitung einweichen. Gelatine leicht ausdrücken und in einem kleinen Topf unter Rühren erwärmen (nicht kochen), bis sie völlig gelöst ist. Gelatine leicht abkühlen lassen. Vom restlichen Mangosaft 5 Esslöffel abmessen und unterrühren.

(Fortsetzung auf Seite 41)

Fortsetzung von Seite 39:

10. Mascarpone und Sirup mit Handrührgerät mit Rührbesen cremig aufschlagen. Die Mango-Gelatine-Flüssigkeit unterrühren. Sahne steifschlagen und unterheben.

11. Die Mascarponecreme auf der Mangomasse verteilen und mit einem Esslöffel wellenartig verstreichen. Die Torte etwa 3 Stunden kalt stellen. Den Tortenring oder den Springformrand mit einem Messer lösen und entfernen.

12. Zum Garnieren die beiseitegestellten Mangoscheiben in Spalten schneiden. Die Torte mit den Mangospalten und einigen Melisseblättchen garnieren.

Tipp: Besonders fruchtig schmeckt die Creme, wenn Sie anstelle des Karamellsirups einen Limettensirup verwenden.

Stachelbeertarte

Zubereitungszeit: etwa 30 Minuten, ohne Abkühlzeit
Insgesamt: E: 38 g, F: 122 g, Kh: 381 g, kJ: 11744, kcal: 2805, BE: 31,5

1 Tasse (150 ml),
1 Springform (Ø 26 cm)

1. Für den Belag die Stachelbeeren in einem Sieb abtropfen lassen. Den Boden der Springform einfetten. Den Backofen vorheizen.

Zutaten:
weiche Butter oder Margarine
zum Einfetten

2. Für den Teig Mehl und Backpulver in eine Schüssel geben und mit einem Schneebesen verrühren. Butter oder Margarine mit Handrührgerät mit Rührbesen auf höchster Stufe geschmeidig rühren. Nach und nach Zucker, Salz und Vanillin-Zucker unterrühren. So lange rühren, bis eine gebundene Masse entstanden ist. Eier nach und nach unterrühren (jedes Ei etwa 1/2 Minute).

Für den Belag:

1 Glas	Stachelbeeren (390 g Abtropfgewicht)

3. Mehlgemisch in 2 Portionen auf mittlerer Stufe unterrühren. Den Teig in die Form füllen und glattstreichen. Stachelbeeren auf dem Teig verteilen.

Für den Rührteig:

1 1/2 Tassen (150 g)	Dinkel-Vollkornmehl
1/2 TL	Dr. Oetker Backin
1/2 Pck. (125 g)	weiche Butter oder Margarine
1 Tasse (150 g)	Zucker
1 Prise	Salz
1 Pck.	Dr. Oetker Vanillin-Zucker
2	Eier (Größe M)

4. Die Form auf dem Rost in den vorgeheizten Backofen schieben.

Ober-/Unterhitze: etwa 180 °C
Heißluft: etwa 160 °C
Backzeit: etwa 40 Minuten.

5. Die Form auf einen Kuchenrost stellen. Die Tarte etwas abkühlen lassen.

Zum Bestreichen:

3 EL	Quitten- oder Apfelgelee

6. Das Gelee in einem kleinen Topf unter Rühren kurz aufkochen, etwas abkühlen lassen. Die Tarte damit bestreichen und erkalten lassen.

Schokoladen-Macadamia-Kuchen

Zubereitungszeit: etwa 40 Minuten, ohne Abkühlzeit
Insgesamt: E: 81 g, F: 370 g, Kh: 450 g, kJ: 22906, kcal: 5473, BE: 37,5

1 Tasse (150 ml),
1 Gugelhupfform (Ø 22 cm), Backpapier

Zutaten:

weiche Butter oder Margarine
zum Einfetten

Für den Rührteig:

½ Tasse (75 ml)	Milch
1 EL	gesiebtes Kakaopulver
½ Tafel (50 g)	Vollmilch-Schokolade
1 Pck. (80 g)	geröstete, gesalzene Macadamianusskerne
2 ½ Tassen (250 g)	Weizenmehl
3 gestr. TL	Dr. Oetker Backin
1 Pck. (250 g)	Butter oder Margarine
1 Tasse (150 g)	Zucker
1 Pck.	Dr. Oetker Vanillin-Zucker
4	Eier (Größe M)

Für den Guss:

1 ½ Tafeln (150 g)	Vollmilch-Schokolade
1 TL	Speiseöl

1. Für den Teig Milch und Kakaopulver in einem kleinen Topf verrühren und erhitzen. Den Topf von der Kochstelle nehmen. Schokolade in kleine Stücke brechen und in dem heißen Kakao unter Rühren auflösen. Die Schoko-Milch unter Rühren erkalten lassen. Die Macadamianusskerne grob hacken.

2. Die Gugelhupfform einfetten. Den Backofen vorheizen.

3. Mehl und Backpulver in eine Schüssel geben und mit einem Schneebesen verrühren. Butter oder Margarine mit Handrührgerät mit Rührbesen auf höchster Stufe geschmeidig rühren. Nach und nach Zucker und Vanillin-Zucker unterrühren. So lange rühren, bis eine gebundene Masse entstanden ist.

4. Eier nach und nach unterrühren (jedes Ei etwa ½ Minute). Mehlgemisch in 3 Portionen im Wechsel mit der Schoko-Milch auf mittlerer Stufe unterrühren. Die gehackten Nüsse kurz unterrühren. Den Teig in die Form geben und glattstreichen.

5. Die Form auf dem Rost in den vorgeheizten Backofen schieben.

Ober-/Unterhitze: etwa 180 °C
Heißluft: etwa 160 °C
Backzeit: 50–60 Minuten.

6. Die Form auf einen Kuchenrost stellen. Den Kuchen nach etwa 10 Minuten aus der Form auf einen mit Backpapier belegten Kuchenrost stürzen. Den Kuchen erkalten lassen.

7. Für den Guss Schokolade in kleine Stücke brechen und mit dem Öl in eine Metallschüssel geben. Einen kleinen Topf ⅓ hoch mit Wasser füllen, die Schüssel in das Wasserbad setzen. Das Ganze bei schwacher Hitze erwärmen, bis die Schokolade unter gelegentlichem Rühren geschmolzen ist. Nicht kochen lassen! Schüssel aus dem Wasserbad nehmen.

8. Den Kuchen mit der Schokolade überziehen, Schokolade fest werden lassen.

Eierlikör-Pflaumen-Kuchen

1 Tasse (150 ml),
1 Kastenform (25 x 11 cm), Backpapier

Zutaten:
weiche Butter oder Margarine
zum Einfetten, Semmelbrösel
zum Bestreuen

Für den Rührteig:

2 Tassen (200 g)	Weizenmehl
1 Tasse (100 g)	Speisestärke
1/2 Pck.	Dr. Oetker Backin
1 Pck. (250 g)	Butter oder Margarine
1 Tasse (150 g)	Zucker
1 Prise	Salz
1 Pck.	Dr. Oetker Vanillin-Zucker
3	Eier (Größe M)
2/3 Tasse (100 ml)	Eierlikör
1/2 Tasse (100 g)	Pflaumenmus
4 EL	abgezogene, gehackte Mandeln

Zum Bestäuben:

2 EL	Puderzucker

Zubereitungszeit: etwa 35 Minuten, ohne Abkühlzeit
Insgesamt: E: 58 g, F: 272 g, Kh: 489 g, kJ: 19889, kcal: 4752, BE: 41,0

1. Die Form einfetten und mit Semmelbröseln bestreuen. Den Backofen vorheizen.

2. Für den Teig Mehl, Speisestärke und Backpulver in eine Schüssel geben und mit einem Schneebesen verrühren. Butter oder Margarine mit Handrührgerät mit Rührbesen auf höchster Stufe geschmeidig rühren. Nach und nach Zucker, Salz und Vanillin-Zucker unterrühren. So lange rühren, bis eine gebundene Masse entstanden ist.

3. Eier nach und nach unterrühren (jedes Ei etwa 1/2 Minute). Mehlgemisch und Eierlikör in mehreren Portionen abwechselnd auf mittlerer Stufe unterrühren.

4. Pflaumenmus und Mandeln verrühren. Ein Drittel des Teiges in die Form geben. Die Hälfte der Pflaumenmus-Masse auf dem Teig verteilen, jedoch nicht bis an den Rand der Form, damit der Kuchen nicht in der Form haften bleibt. Wieder ein Drittel des Teiges daraufgeben. Restliche Pflaumenmus-Masse darauf verteilen und mit dem restlichen Teig bestreichen. Die Form auf dem Rost in den vorgeheizten Backofen schieben.

Ober-/Unterhitze: etwa 180 °C
Heißluft: etwa 160 °C
Backzeit: etwa 65 Minuten.

5. Die Form auf einem Kuchenrost stellen. Den Kuchen nach etwa 10 Minuten aus der Form stürzen, wieder umdrehen und auf einem mit Backpapier belegten Kuchenrost erkalten lassen.

6. Den Kuchen mit Puderzucker bestäuben.

Tipp: Wenn Sie noch einen Kuchen für den Adventskaffee brauchen, backen Sie den Teig in einer kleinen Stern- oder Springform (Ø etwa 24 cm). Das Pflaumenmus können Sie zusätzlich mit 1/2 Teelöffel Pfeffer- oder Lebkuchengewürz aromatisieren.

Preiselbeer-Gugelhupf

Zubereitungszeit: etwa 35 Minuten, ohne Abkühlzeit
Insgesamt: E: 78 g, F: 295 g, Kh: 799 g, kJ: 26023, kcal: 6218, BE: 66,5

1 Tasse (150 ml),
1 Guglhupfform (Ø 22 cm)

Zutaten:
weiche Butter oder Margarine
zum Einfetten

Für den Rührteig:

1 Pck. (100 g)	abgezogene, gehackte Mandeln
½ kleines Glas (100 g)	Wild-Preiselbeeren
1 Pck. (100 g)	getrocknete Cranberries
3 Tassen (300 g)	Weizenmehl
3 gestr. TL	Dr. Oetker Backin
1 Pck. (250 g)	Butter oder Margarine
1½ Tassen (225 g)	Zucker
1 Prise	Salz
1 Pck.	Dr. Oetker Vanillin-Zucker
4	Eier (Größe M)
3 EL	Milch

Für den Guss:

1 EL	Wild-Preiselbeeren (aus dem Glas)
3–4 EL	Zitronensaft
1 Pck. (250 g)	Puderzucker
evtl.	rote Speisefarbe

1. Für den Teig Mandeln in einer Pfanne ohne Fett goldbraun rösten. Mandeln mit Preiselbeeren und Cranberries verrühren. Die Form einfetten. Den Backofen vorheizen.

2. Mehl und Backpulver in eine Schüssel geben und mit einem Schneebesen verrühren. Butter oder Margarine mit Handrührgerät mit Rührbesen auf höchster Stufe geschmeidig rühren. Nach und nach Zucker, Salz und Vanillin-Zucker unterrühren. So lange rühren, bis eine gebundene Masse entstanden ist.

3. Eier nach und nach unterrühren (jedes Ei etwa ½ Minute). Mehlgemisch in 2 Portionen auf mittlerer Stufe unterrühren. Milch und Beeren-Mandel-Gemisch unter den Teig rühren.

4. Den Teig in die Form geben und glattstreichen. Die Form auf dem Rost in den vorgeheizten Backofen schieben.

Ober-/Unterhitze: etwa 180 °C
Heißluft: etwa 160 °C
Backzeit: 60–70 Minuten.

5. Die Form auf einen Kuchenrost stellen. Den Kuchen nach etwa 10 Minuten aus der Form lösen und auf einen mit Backpapier belegten Kuchenrost stürzen. Den Gugelhupf erkalten lassen.

6. Für den roten Guss Preiselbeeren und 1–2 Teelöffel von dem Zitronensaft durch ein Sieb gießen. Aufgefangenes Püree mit 4–5 Esslöffel des Puderzuckers und evtl. etwas Speisefarbe zu einem glatten Guss verrühren. Für den weißen Guss restlichen Puderzucker mit 2–3 Esslöffel von dem Zitronensaft verrühren. Den Kuchen zuerst mit weißem Guss überziehen, anschließend den roten Guss daraufträufeln. Den Guss fest werden lassen.

Tipp: Dieses Kuchenrezept können Sie auch mit getrockneten Kirschen und Kirschkonfitüre zubereiten. Getrocknete Kirschen gibt es in Bioläden oder Reformhäusern. Der Zuckerguss lässt sich gut durch eine dunkle Schokoladenglasur (Fertigprodukt) ersetzen.

Espresso-Karamell-Kuchen

Zubereitungszeit: etwa 40 Minuten, ohne Abkühlzeit
Insgesamt: E: 75 g, F: 278 g, Kh: 581 g, kJ: 21782, kcal: 5206, BE: 48,5

1 Tasse (150 ml),
1 Kastenform (30 x 11 cm),
Backpapier

Zutaten:
weiche Butter oder Margarine
zum Einfetten

Für den Rührteig:

3 ½ Tassen (350 g)	Weizenmehl
2 gestr. TL	Dr. Oetker Backin
1 Pck. (250 g)	Butter oder Margarine
1 ½ Tassen (225 g)	Zucker
1 Prise	Salz
5	Eier (Größe M)
3 gestr. TL	Instant-Espressopulver
1–2 EL	brauner Rum
1 Pck. (100 g)	Karamellkugeln (z. B. von Daim)

Für den Guss:

2–3 TL	Instant-Espressopulver
2 EL	heißes Wasser
4–5 EL	Puderzucker

1. Die Kastenform einfetten. Einen passenden Streifen Backpapier auf den Boden der Form legen. Den Backofen vorheizen.

2. Mehl und Backpulver in eine Schüssel geben und mit einem Schneebesen verrühren. Butter oder Margarine mit Handrührgerät mit Rührbesen auf höchster Stufe geschmeidig rühren. Nach und nach Zucker und Salz unterrühren. So lange rühren, bis eine gebundene Masse entstanden ist.

3. Eier nach und nach unterrühren (jedes Ei etwa ½ Minute). Mehlgemisch in 2 Portionen auf mittlerer Stufe unterrühren. Den Teig halbieren. Espressopulver und Rum verrühren und unter eine Teighälfte rühren.

4. Mit einem Esslöffel abwechselnd etwas von dem hellen und von dem dunklen Teig in die Form geben. Auf jede Teigschicht einige Karamellkugeln streuen. Die Form auf dem Rost in den vorgeheizten Backofen schieben.

Ober-/Unterhitze: etwa 180 °C
Heißluft: etwa 160 °C
Backzeit: etwa 60 Minuten.

5. Die Form auf einen Kuchenrost stellen. Nach etwa 10 Minuten den Kuchen aus der Form stürzen, wieder umdrehen und auf einem mit Backpapier belegten Kuchenrost erkalten lassen.

6. Für den Guss Espressopulver und Wasser verrühren. Puderzucker nach und nach unterrühren. Den Kuchen mit dem Guss bestreichen. Guss fest werden lassen.

Tipp: Die Karamellkugeln bestehen aus einem festen Karamellkern mit Mandeln und sind mit einer dünnen Schicht Vollmilch-Schokolade überzogen. Sie können durch kleine Florentiner (Mandeltaler) ersetzt werden, die aber vorher zerkleinert werden müssen. Mehr Kaffeearoma erhält der Kuchen, wenn Sie schokolierte Espressobohnen verwenden. Diese können unzerteilt in den Teig gegeben werden.

Marzipan-Kirsch-Gugelhupf

Zubereitungszeit: etwa 15 Minuten, ohne Abkühlzeit
Insgesamt: E: 68 g, F: 245 g, Kh: 534 g, kJ: 19351, kcal: 4622, BE: 44,5

1 Tasse (150 ml),
1 Gugelhupfform (Ø 22 cm)

Zutaten:
weiche Butter oder Margarine
zum Einfetten, Semmelbrösel
zum Bestreuen

Für den All-in-Teig:

1 Glas	Sauerkirschen (370 g Abtropfgewicht)
1 Pck. (200 g)	Marzipan-Rohmasse
2 Tassen (200 g)	Weizenmehl
2 gestr. TL	Dr. Oetker Backin
1½ Tassen (225 g)	Zucker
1 Prise	Salz
1 Pck.	Dr. Oetker Vanillin-Zucker
3	Eier (Größe M)
1 Tasse (150 ml)	Speiseöl
½ Tasse (75 ml)	Selters

Zum Bestäuben:
Puderzucker

1. Für den Teig die Sauerkirschen in einem Sieb gut abtropfen lassen, evtl. mit Küchenpapier trocken tupfen. Marzipan-Rohmasse in kleine Würfel schneiden. Die Form einfetten und mit Semmelbröseln bestreuen. Den Backofen vorheizen.

2. Mehl und Backpulver in eine Rührschüssel geben und mit einem Schneebesen verrühren.

3. Marzipan-Rohmasse, Zucker, Salz, Vanillin-Zucker, Eier, Öl und Selters hinzufügen. Die Zutaten mit Handrührgerät mit Rührbesen zunächst kurz auf niedrigster, dann auf höchster Stufe in etwa 2 Minuten zu einem glatten Teig verarbeiten.

4. Die Hälfte des Teiges in die Form füllen und glattstreichen. Die Hälfte der Kirschen auf den Teig geben. Restlichen Teig und restliche Kirschen auf die gleiche Weise in die Form füllen. Die Form auf dem Rost in den vorgeheizten Backofen schieben.

Ober-/Unterhitze: etwa 180 °C
Heißluft: etwa 160 °C
Backzeit: 60–70 Minuten.

5. Die Form auf einen Kuchenrost stellen. Den Kuchen nach etwa 10 Minuten auf einen mit Backpapier belegten Kuchenrost stürzen. Den Kuchen erkalten lassen und nach Belieben mit Puderzucker bestreuen.

Tipp: Sehr gut schmeckt es auch, wenn Sie den Kuchen mit Schokoladenglasur überziehen.

Marmor-Tassenkuchen

Zubereitungszeit: etwa 25 Minuten, ohne Abkühlzeit
Insgesamt: E: 70 g, F: 283 g, Kh: 569 g, kJ: 21471, kcal: 5134, BE: 47,5

1 Tasse (150 ml),
1 Kastenform (30 x 11 cm)

Zutaten:

weiche Butter oder Margarine
zum Einfetten, Mehl zum Bestäuben

Für den All-in-Teig:

3 Tassen (300 g)	Weizenmehl	
1 Pck.	Dr. Oetker Backin	
2 Tassen (300 g)	Zucker	
2 Pck.	Dr. Oetker Vanillin-Zucker	
4	Eier (Größe M)	
1 Pck. (250 g)	weiche Butter oder Margarine	
1 Becher (200 g)	saure Sahne	
1 geh. EL	gesiebtes Kakaopulver	
1 EL	Milch	

Zum Verzieren:

50 g	Halbbitter-Kuvertüre
1 TL	Speiseöl

1. Die Form einfetten und mit Mehl bestäuben. Den Backofen vorheizen.

2. Für den Teig Mehl und Backpulver in eine Rührschüssel geben und mit einem Schneebesen verrühren. Zucker, Vanillin-Zucker, Eier, Butter oder Margarine und saure Sahne hinzufügen. Die Zutaten mit Handrührgerät mit Rührbesen zunächst kurz auf niedrigster, dann auf höchster Stufe in etwa 2 Minuten zu einem glatten Teig verarbeiten.

3. Die Hälfte des Teiges in die Kastenform füllen. Unter den restlichen Teig Kakao und Milch rühren.

4. Den dunklen Teig auf dem hellen Teig verteilen. Eine Gabel spiralförmig durch die Teig-Schichten ziehen, so dass ein Marmormuster entsteht. Die Form auf dem Rost in den vorgeheizten Backofen schieben.

Ober-/Unterhitze: etwa 180 °C
Heißluft: etwa 160 °C
Backzeit: etwa 60 Minuten.

5. Die Form auf einen Kuchenrost stellen. Nach etwa 10 Minuten den Kuchen aus der Form stürzen, wieder umdrehen und auf einem mit Backpapier belegten Kuchenrost erkalten lassen.

6. Zum Verzieren Kuvertüre in kleine Stücke hacken, mit Speiseöl in eine kleine Metallschüssel geben. Einen Topf 1/3 hoch mit Wasser füllen. Die Schüssel in das Wasserbad setzen. Die Kuvertüre bei schwacher Hitze zu einer geschmeidigen Masse verrühren.

7. Die Kuvertüre in einen kleinen Gefrierbeutel füllen, eine Ecke abschneiden. Den Kuchen mit Kuvertüre besprenkeln. Die Kuvertüre fest werden lassen.

Tipp: Das Schokoladen-Aroma des Marmorkuchens können Sie noch verstärken. Geben Sie 50 g Zartbitter-Schokolade (50 % Kakao) in den Zerkleinerer und lassen Sie die Schokolade darin klein zerteilen. Sie können dafür auch aromatisierte Schokolade verwenden, z. B. mit Orangenschale, Earl Grey Tee, Anis oder Ingwer.

Muffins mit Fruchtquark

Zubereitungszeit: etwa 20 Minuten, ohne Abkühlzeit
Insgesamt: E: 47 g, F: 113 g, Kh: 270 g, kJ: 9633, kcal: 2302, BE: 22,5

1 Tasse (150 ml),
1 Muffinform (für 12 Muffins)

Zutaten:
weiche Butter oder Margarine
zum Einfetten, Mehl zum Bestäuben

Für den All-in-Teig:

½ Tasse (50 g)	Weizenmehl	
½ Pck. (50 g)	abgezogene, gemahlene Mandeln	
½ TL	Dr. Oetker Backin	
½ Tasse (75 g)	Zucker	
1 Prise	Salz	
1	Ei (Größe M)	
1	Eigelb (Größe M)	
¼ Pck. (60 g)	weiche Butter oder Margarine	

Für den Belag:

1	Eiweiß (Größe M)
2 Pck. (400 g)	Fruchtquark, z. B. Aprikose (20 % Fett im Milchanteil)
2 gestr. EL	Zucker
1 gestr. EL	Hartweizengrieß

Zum Garnieren:

3 EL	rote Konfitüre, z. B. Sauerkirschkonfitüre
etwas	Vollmilch-Schokolade
einige	Minzeblätter

1. Die Muffinform einfetten und mit Mehl bestäuben. Den Backofen vorheizen.

2. Für den Teig Mehl, Mandeln und Backpulver in eine Rührschüssel geben und mit einem Schneebesen verrühren. Zucker, Salz, Ei, Eigelb und Butter oder Margarine hinzufügen.

3. Zutaten mit Handrührgerät mit Rührbesen zunächst kurz auf niedrigster, dann auf höchster Stufe in etwa 2 Minuten zu einem glatten Teig verarbeiten. Den Teig in die Förmchen füllen. Die Muffinform auf dem Rost in den vorgeheizten Backofen schieben.

Ober-/Unterhitze: etwa 200 °C
Heißluft: etwa 180 °C
Backzeit: etwa 10 Minuten.

4. Für den Belag Eiweiß steifschlagen. Quark, Zucker und Grieß dazugeben und kurz unterrühren.

5. Die Quarkmasse auf die vorgebackenen Muffins verteilen. Die Form wieder auf dem Rost in den vorgeheizten Backofen schieben.

Ober-/Unterhitze: etwa 180 °C
Heißluft: etwa 160 °C
Backzeit: 10–15 Minuten.

6. Die Muffinform auf einen Kuchenrost stellen. Die Muffins nach etwa 10 Minuten aus der Form lösen (evtl. vorsichtig mit einem Messer herausheben) und auf einem Kuchenrost erkalten lassen.

7. Auf jeden Muffin vor dem Servieren einen Klecks Konfitüre geben. Von der Vollmilch-Schokolade einige Flocken abhobeln und auf die Muffins geben. Mit Minzeblättern garnieren.

Mini-Mokka-Amerikaner

Zubereitungszeit: etwa 65 Minuten, ohne Abkühlzeit
Insgesamt: E: 56 g, F: 194 g, Kh: 421 g, kJ: 15648, kcal: 3739, BE: 35,0

1 Tasse (150 ml),
1 Backblech (30 x 40 cm),
Backpapier

Zutaten:
weiche Butter oder Margarine
zum Einfetten

Für den Rührteig:
2 ½ Tassen (250 g)	Weizenmehl
½ Tasse (50 g)	Speisestärke
3 gestr. TL	Dr. Oetker Backin
2 TL	Kakaopulver
½ Pck. (125 g)	Butter oder Margarine
½ Tasse (75 g)	Zucker
1 Pck.	Dr. Oetker Vanillin-Zucker
1 Prise	Salz
2	Eier (Größe M)
5 EL	Milch
2 TL	lösliches Espressopulver
2 EL	Rum

Für den Guss:
1 Tafel (100 g)	Zartbitter-Schokolade
1 TL	lösliches Espressopulver
1 Tafel (100 g)	weiße Schokolade

1. Das Backblech in der Mitte und in den Ecken einfetten und mit Backpapier belegen. Den Backofen vorheizen.

2. Für den Teig Mehl, Speisestärke und Backpulver in eine Schüssel geben, Kakao darübersieben und mit einem Schneebesen unterrühren.

3. Butter oder Margarine mit Handrührgerät mit Rührbesen auf höchster Stufe geschmeidig rühren. Nach und nach Zucker, Vanillin-Zucker und Salz unterrühren. So lange rühren, bis eine gebundene Masse entstanden ist.

4. Eier nach und nach unterrühren (jedes Ei etwa ½ Minute). Milch, Espressopulver und Rum verrühren. Mehlgemisch in 2 Portionen im Wechsel mit der Espresso-Rum-Milch auf mittlerer Stufe unterrühren.

5. Von dem Teig mit zwei Esslöffeln Häufchen abstechen und nicht zu dicht zueinander (Teig läuft breit) auf die Backbleche setzen. Dann die Backbleche nacheinander (bei Heißluft zusammen) in den vorgeheizten Backofen schieben.

Ober-/Unterhitze: etwa 180 °C
Heißluft: etwa 160 °C
Backzeit: etwa 20 Minuten je Backblech.

6. Die Amerikaner mit dem Backpapier von den Backblechen auf je einen Kuchenrost ziehen. Amerikaner erkalten lassen.

7. Für den Guss Zartbitter-Schokolade in Stücke brechen, mit Espressopulver in eine Metallschüssel geben. Einen Topf etwa ⅓ hoch mit Wasser füllen, die Schüssel in das Wasserbad setzen. Die Schokolade bei schwacher Hitze zu einer geschmeidigen Masse verrühren. Nicht kochen lassen! Weiße Schokolade ebenso auflösen.

8. Die Hälfte der Amerikaner mit weißer Schokolade, die andere Hälfte mit der Mokkaschokolade bestreichen. Auf die „weißen" Amerikaner einen Klecks dunkle Schokolade und auf die dunklen einen Klecks weiße Schokolade geben. Schokolade mit einem Holzstäbchen ineinanderziehen und fest werden lassen.

Nougat-Birnen-Muffins

Zubereitungszeit: etwa 25 Minuten, ohne Abkühlzeit
Insgesamt: E: 41 g, F: 152 g, Kh: 334 g, kJ: 12129, kcal: 2893, BE: 28,0

1 Tasse (150 ml),
1 Muffinform (für 12 Muffins)

Zutaten:
weiche Butter oder Margarine
zum Einfetten, Mehl zum Bestäuben

Für den Belag:

1 Dose	Birnenhälften
	(230 g Abtropfgewicht)

Für den Rührteig:

1 ½ Tassen	
(150 g)	Weizenmehl
1 gestr. TL	Dr. Oetker Backin
½ Pck. (100 g)	Nuss-Nougat
½ Pck. (125 g)	Butter oder Margarine
⅓ Tasse (50 g)	Zucker
1 Prise	Salz
1 Pck.	Dr. Oetker Vanillin-Zucker
2	Eier (Größe M)
½ Tasse (75 ml)	Milch

Zum Bestreichen:

3 EL	Aprikosenkonfitüre
1 EL	Wasser

1. Für den Belag die Birnen in einem Sieb abtropfen lassen. Die Muffinform einfetten und mit Mehl bestäuben. Den Backofen vorheizen.

2. Für den Teig Mehl und Backpulver in eine Schüssel geben und mit einem Schneebesen verrühren. Nougat in kleine Würfel schneiden.

3. Butter oder Margarine mit Handrührgerät mit Rührbesen auf höchster Stufe geschmeidig rühren. Nach und nach Zucker, Salz und Vanillin-Zucker unterrühren. So lange rühren, bis eine gebundene Masse entstanden ist.

4. Eier nach und nach unterrühren (jedes Ei etwa ½ Minute). Mehlgemisch und Milch in 2 Portionen auf mittlerer Stufe unterrühren. Nougatstücke unterrühren. Den Teig in die Förmchen füllen.

5. Für den Belag die Birnen quer in Scheiben schneiden und auf dem Teig verteilen. Die Form auf dem Rost in den vorgeheizten Backofen schieben.

Ober-/Unterhitze: etwa 200 °C
Heißluft: etwa 180 °C
Backzeit: etwa 25 Minuten.

6. Die Muffinform auf einen Kuchenrost stellen. Die Muffins nach etwa 10 Minuten aus der Form lösen (evtl. vorsichtig mit einem Messer herausheben) und auf einem Kuchenrost erkalten lassen.

7. Zum Bestreichen Aprikosenkonfitüre und Wasser in einen kleinen Topf geben, unter Rühren aufkochen lassen und auf die Muffins streichen (stückige Konfitüre nach dem Aufkochen durch ein Sieb streichen).

Tipp: Wenn Sie keine Muffinform haben, können Sie auch Papierbackförmchen benutzen. Am besten Sie stellen pro Muffin 2 Förmchen ineinander und verteilen sie vor dem Füllen auf einem Backblech. Weiße Förmchen erhalten Sie in den Haushaltswarenabeilungen der Supermärkte. Bunte Förmchen können Sie bei Backartikelversendern im Internet bestellen.

Orangen-Schoko-Muffins

Zubereitungszeit: etwa 50 Minuten, ohne Kühlzeit
Insgesamt: E: 45 g, F: 206 g, Kh: 285 g, kJ: 13397, kcal: 3202, BE: 24,0

1 Tasse (150 ml),
1 Muffinform (für 12 Muffins)

Zutaten:

weiche Butter oder Margarine
zum Einfetten

Für die Schokocreme:

1 Becher (250 g)	Schlagsahne
½ Tafel (50 g)	Edelbitter-Schokolade mit Orangenaroma (70 % Kakao)
2 EL (20 g)	gesiebter Puderzucker

Für den Rührteig:

50 g	Edelbitter-Schokolade mit Orangenaroma (70 % Kakao)
1½ Tassen (150 g)	Weizenmehl
1 Msp.	Dr. Oetker Backin
½ Pck. (125 g)	Butter oder Margarine
⅔ Tasse (100 g)	brauner Rohrzucker
1 Prise	Salz
3	Eier (Größe M)
4 EL	Orangensaft

Zum Garnieren:

2	kandierte Orangenscheiben

1. Für die Schokocreme die Sahne erhitzen. Schokolade in Stücke brechen und unter Rühren in der Sahne auflösen. Die Masse in eine Schüssel geben und mindestens 3 Stunden kalt stellen.

2. Die Muffinform einfetten. Den Backofen vorheizen.

3. Für den Teig die Schokolade hacken. Mehl und Backpulver in eine Schüssel geben und mit einem Schneebesen verrühren. Butter oder Margarine mit Handrührgerät mit Rührbesen auf höchster Stufe geschmeidig rühren. Nach und nach braunen Zucker und Salz unterrühren. So lange rühren, bis eine gebundene Masse entstanden ist. Eier nach und nach unterrühren (jedes Ei etwa ½ Minute). Mehlgemisch in 2 Portionen im Wechsel mit dem Orangensaft auf mittlerer Stufe unterrühren. Zuletzt die gehackte Schokolade unterrühren.

4. Den Teig in die Form füllen. Die Form auf dem Rost in den vorgeheizten Backofen schieben.

Ober-/Unterhitze: etwa 180 °C
Heißluft: etwa 160 °C
Backzeit: 20–25 Minuten.

5. Die Form auf einen Kuchenrost stellen. Nach etwa 10 Minuten die Muffins aus der Form lösen und auf dem Kuchenrost erkalten lassen.

6. Die kalt gestellte Schoko-Sahne-Masse und Puderzucker mit Handrührgerät mit Rührbesen auf höchster Stufe cremig schlagen. Jeweils einen Klecks Schokocreme auf die Muffins geben. Zum Garnieren Orangenscheiben in kleine Ecken schneiden. Die Muffins damit garnieren.

Tipp: Kandierte Orangenscheiben erhalten Sie in den Pralinen- oder Confiserie-Abteilungen der Kaufhäuser. Sie können aber auch die Scheiben von unbehandelten und ungewachsten Bio-Orangen kurz in einem Zuckersirup (1 Teil Wasser, 1 Teil Zucker) kochen, abtropfen lassen und verwenden.

Kapitelregister

Abkürzungen

EL	=	Esslöffel
TL	=	Teelöffel
Msp.	=	Messerspitze
Pck.	=	Packung/Päckchen
g	=	Gramm
kg	=	Kilogramm
ml	=	Milliliter
l	=	Liter
evtl.	=	eventuell
geh.	=	gehäuft
gestr.	=	gestrichen

TK	=	Tiefkühlprodukt
°C	=	Grad Celsius
Ø	=	Durchmesser

Kalorien-/Nährwertangaben

E	=	Eiweiß
F	=	Fett
Kh	=	Kohlenhydrate
kcal	=	Kilokalorien
kJ	=	Kilojoule
BE	=	Broteinheiten

Alphabetisches Register

Hinweise zu den Rezepten

Lesen Sie bitte vor der Zubereitung – besser noch vor dem Einkaufen – das Rezept einmal vollständig durch. Oft werden Arbeitsabläufe oder -zusammenhänge dann klarer.

Zutatenliste

Die Zutaten sind in der Reihenfolge ihrer Verarbeitung aufgeführt.

Arbeitsschritte

Die Arbeitsschritte sind einzeln hervorgehoben, in der Reihenfolge, in der wir sie ausprobiert haben.

Backofeneinstellung

Die in den Rezepten angegebenen Backtemperaturen und -zeiten sind Richtwerte, die je nach individueller Hitzeleistung des Backofens über- oder unterschritten werden können. Bitte beachten Sie deshalb bei der Einstellung des Backofens die Gebrauchsanweisung des Herstellers und machen Sie nach Beendigung der angegebenen Backzeit eine Garprobe.

Zubereitungszeiten

Die Zubereitungszeit beinhaltet nur die Zeit für die eigentliche Zubereitung, die Backzeiten sind gesondert ausgewiesen. Längere Wartezeiten, z. B. Kühlzeiten, sind ebenfalls nicht mit einbezogen.

Für Fragen, Vorschläge oder Anregungen steht Ihnen der Verbraucherservice der Dr. Oetker Versuchsküche Telefon: 00800 71727374 Mo.–Fr. 8:00–18:00 Uhr, Sa. 9:00–15:00 Uhr (gebührenfrei in Deutschland) oder die Mitarbeiter des Dr. Oetker Verlages Telefon: +49 (0) 521 520650 Mo –Fr 9:00–15:00 Uhr zur Verfügung.

Oder schreiben Sie uns:
Dr. Oetker Verlag KG, Am Bach 11, 33602 Bielefeld oder besuchen Sie uns im Internet unter www.oetker-verlag.de oder www.oetker.de.

Umwelthinweis	Dieses Buch und der Einband wurden auf chlorfrei gebleichtem Papier gedruckt. Die Einschrumpffolie – zum Schutz vor Verschmutzung – ist aus umweltfreundlichem und recyclingfähigem PE-Material.
Copyright	© 2008 by Dr. Oetker Verlag KG, Bielefeld
Redaktion	Anke Rabeler, Berlin Carola Reich
Lektorat	no:vum, Susanne Noll, Leinfelden-Echterdingen
Titelfoto	Thomas Diercks, Hamburg
Innenfotos	Fotostudio Diercks, Hamburg
Rezeptentwicklung und -beratung	Anke Rabeler, Berlin
Nährwertberechnungen	Nutri Service, Hennef
Grafisches Konzept	kontur:design, Bielefeld
Gestaltung	M·D·H Haselhorst, Bielefeld
Titelgestaltung	kontur:design, Bielefeld
Reproduktionen	Meyle + Müller GmbH & Co KG, Pforzheim
Satz	JUNFERMANN Druck & Service, Paderborn
Druck und Bindung	Firmengruppe APPL, aprinta druck, Wemding

ISBN 978–3–7670–0917–2